100 EXERCÍCIOS E JOGOS

selecionados para **a** iniciação à

NATAÇÃO

María Martínez Moreno
Telmo Alexandre Peres Dos Santos
David Blanco Luengo

ÍNDICE

INTRODUÇÃO

O ambiente aquático e a natação têm estado presentes na vida dos humanos desde as primeiras civilizações e ao longo de todas as épocas. Podemos encontrar uma grande variedade de abordagens e aplicações da mesma: utilitário (sobreviver na água), educacional (meio de aprendizagem de valores), recreativo ou lúdico, competitivo ou focado no rendimento e higiénico-sanitário (focado na saúde ou reabilitação).

Numa idade precoce, o trabalho inicial baseia-se em jogos motrizes, tanto de coordenação como de perceção. Com os jogos de perceção trabalha-se a motricidade grossa (coordenação dinâmica global, equilíbrio, respiração e relaxamento), motricidade fina (coordenação segmental) e outros aspetos motores, tais como força, reflexos e confiança no uso do corpo. Os jogos de perceção, por outro lado, permitem o desenvolvimento da lateralidade, do esquema corporal e da estruturação dos conceitos espaço-tempo e espaço-visual.

Na aprendizagem da natação encontramos uma fase de assimilação, focada na tomada de consciênciacia e estrutura do movimento e uma fase de aperfeiçoamento, na qual se faz ênfase na correção da técnica, automatização e estabilização.

Neste livro propõe-se uma série de jogos orientados à iniciação da natação e, portanto, referentes à etapa de assimilação. Assim, os objetivos prioritários a serem assimilados, e que determinam a natureza dos jogos, são: a familiarização com o meio aquático, o desenvolvimento das Habilidades Motoras Básicas aquáticas e a aprendizagem técnica básica.

Os jogos estão organizados de menor a maior complexidade, coincidindo com as diferentes fases de aprendizagem:

- Começa-se **com Jogos de** Familiarização **(1-40)** tanto na piscina de iniciação como na profunda. Estes jogos estão orientados para o domínio do ambiente aquático e a sobrevivência.

Portanto, trabalha-se a familiarização e contacto com as várias partes do corpo e a introdução às diferentes formas de deslocação, incluindo o uso de vários materiais (bolas, pranchas, pull-boys, aros, etc.).

- Continua-se **com Jogos de** Perceção **(41-63)** na piscina de iniciação. Com estes jogos pretende-se a realização de movimentos livres e o fortalecimento do esquema corporal. Para isso, realizam-se deslocamentos, voltas, saltos, lançamentos e receções. Propõem-se jogos em que o aluno tem a liberdade para se deslocar pela água ao seu gosto e experimentá-la. Os jogos com bolas, tapetes e aros, facilitam a aquisição das habilidades acima descritas.

- Finaliza-se **com Jogos de Condicionamento: Respiração (64-100),** na piscina de iniciação e na profunda. Com estes jogos pretende-se que o aluno domine o seu corpo debaixo de água, aprendendo a controlar a respiração e ganhando capacidade e autonomia. O medo na hora de submergir-se é frequente pelo que superá-lo também será um objetivo a atingir através de tais jogos. Por último, introduz-se a respiração e a técnica específica dos estilos, concretamente do crol e costas,

SIMBOLOGIA

Deslocamento

Trajeória

Expulsar borbulhas

Inspiração

Suster a respiração

Ar

Balão

Bolas de ping-pong

Corda

Corda

Flutuador

Braçadeiras

Prancha

Pull-boy

Bola

Arco

Tapete

Bola gigante

Balde

Garrafa

100 EXERCÍCIOS E JOGOS SELECIONADOS PARA INICIAÇÃO A NATAÇÃO

100 EXERCÍCIOS E JOGOS SELECIONADOS PARFA A INICIAÇÃO A NATAÇÃO

1.

Participação: Individual.

Tipo de piscina: Iniciação.

Material: Nenhum.

Descrição do exercício: *Sentados no bordo, realizar batida de pés alternado.*
Classificação: Exercício de familiarização.

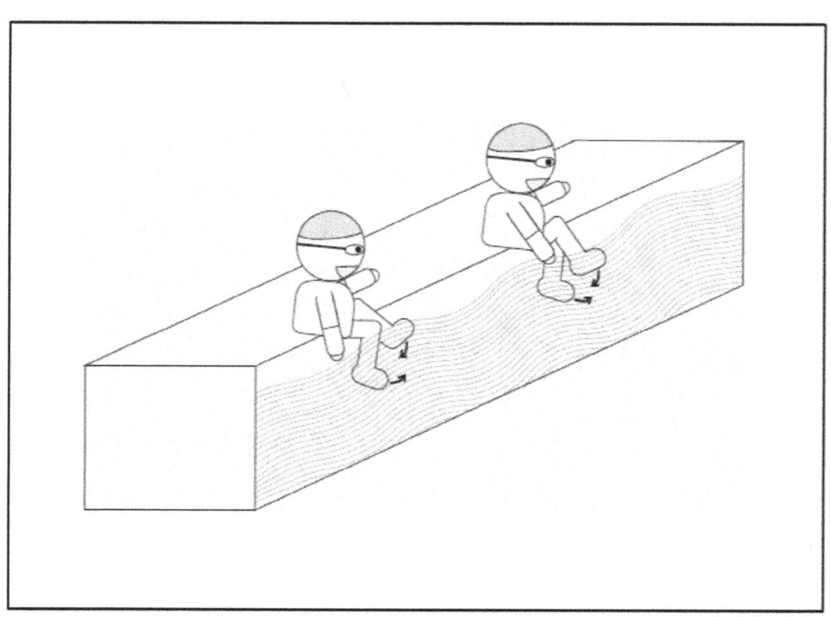

2.

Participação: Grupo.

Piscina: Iniciação.

Material: Bolas médias.

Descrição do exercício: Os alunos colocam-se no bordo, de pé, com bolas que devem ser lançadas ao professor, que as irá devolvendo.

Classificação: Exercício de familiarização.

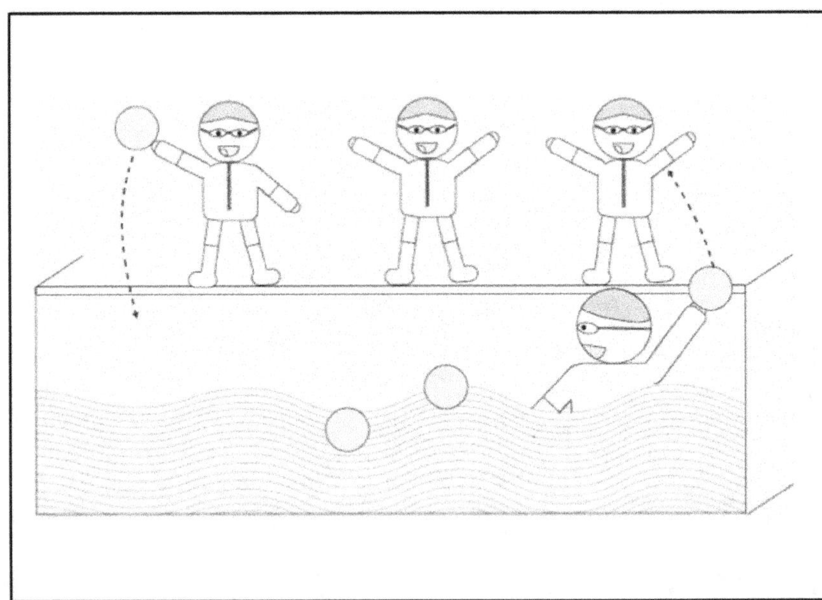

3.

Participação: Grupo.

Tipo de piscina: Iniciação.

Material: Mangueira ou balde, bolas.

Descrição do exercício: O Professor lançará água aos alunos com a mangueira ou um balde, enquanto estes "contra-atacam" lançando-lhe bolas.

Classificação: Exercício de familiarização.

4.

Participação: Grupo.

Tipo de piscina: Iniciação.

Material: *Flutuadores, barbatanas, jangada flutuante ou tapete.*

Descrição do exercício: *Os alunos vão deslocar-se numa jangada flutunate ou tapete, uns remando e outros outros com batimento de pés com barbatanas. Todos com flutuador.*

Classificação: Exercício de familiarização.

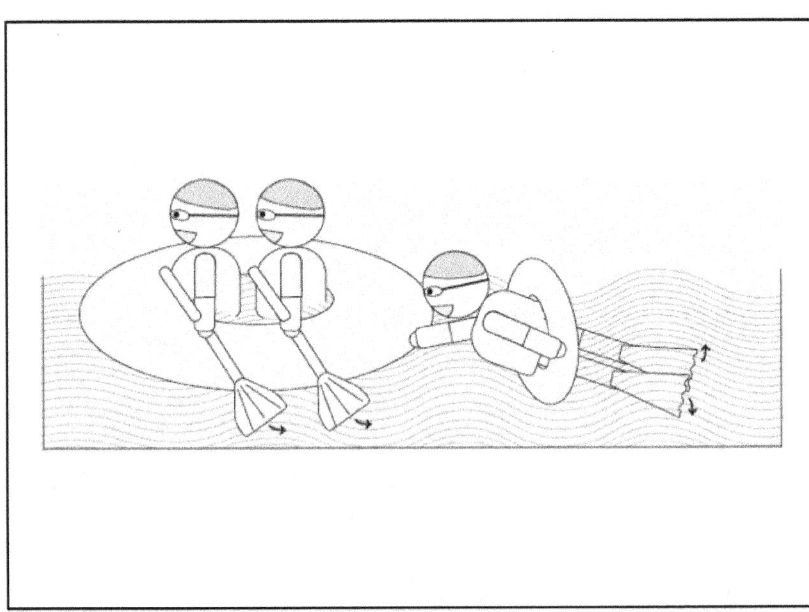

5.

Participação: Individual.

Tipo de piscina: Iniciação.

Material: Flutuador.

Descrição do exercício: Os alunos colocam o flutuador à volta da cintura. O professor vai deslocar-se com o aluno de mão dada.

Classificação: Exercício de familiarização.

6.

Participação: Individual.

Tipo de piscina: Iniciação.

Material: *Flutuadores.*

Descrição do exercício: Os alunos colocam o flutuador. Descem pela escada e vão deslocar-se pela piscina agarrados ao bordo com ambas as mãos.

Classificação: Exercício de familiarização.

7.

Participação: Individual.

Tipo de piscina: Iniciação.

Material: *Flutuadores.*

Descrição do exercício: Os alunos vão deslocar-se à volta da piscina segurando-se ao bordo com uma mão.

Classificação: Exercício de familiarização.

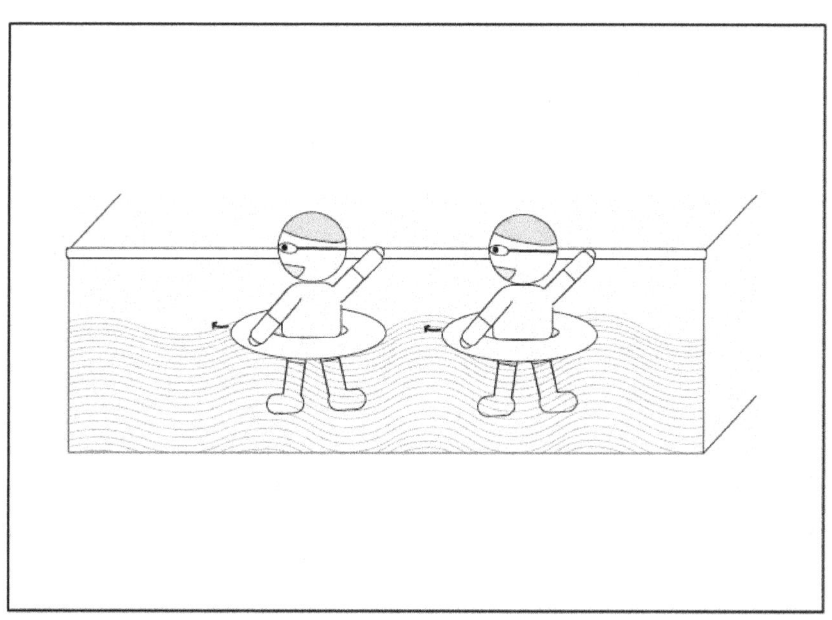

8.

Participação: Individual.

Tipo de piscina: Iniciação.

Material: *Flutuadores.*

Descrição do exercício: Com o flutuador colocado, os alunos vão deslocar-se livremente pela piscina.

Classificação: Exercício de familiarização.

9.

Participação: Pares.

Tipo de piscina: Iniciação.

Material: Flutuadores, arcos.

Descrição do exercício: Os alunos com o flutoador colocado. *Um deslocará o outro puxando o arco que este ultimo leva ao seu redor.*

Classificação: Exercício de familiarização.

10.

Participação: Grupo.

Tipo de piscina: Iniciação.

Material: *Flutuador.*

Descrição do exercício: *Os alunos serão colocados todos em fila e com o flutuador colocado. Cada um agarrará o flutuador do que está à sua frente e o professor vai deslocar a fila segurando as mãos do primeiro.*

Classificação: Exercício de familiarização.

11.

Participação: Pares.

Tipo de piscina: Iniciação.

Material: *Flutuadores, bolas médias.*

Descrição do exercício: *Ambos com o flutuador, colocam-se na frente um do outro e vão lançar uma bola.*

Classificação: Exercício de familiarização.

12.

Participação: Individual.

Tipo de piscina: Iniciação.

Material: Flutuador.

Descrição do exercício: Cada aluno vai deslocar-se com um flutuador num braço e o outro livre.

Classificação: Exercício de familiarização.

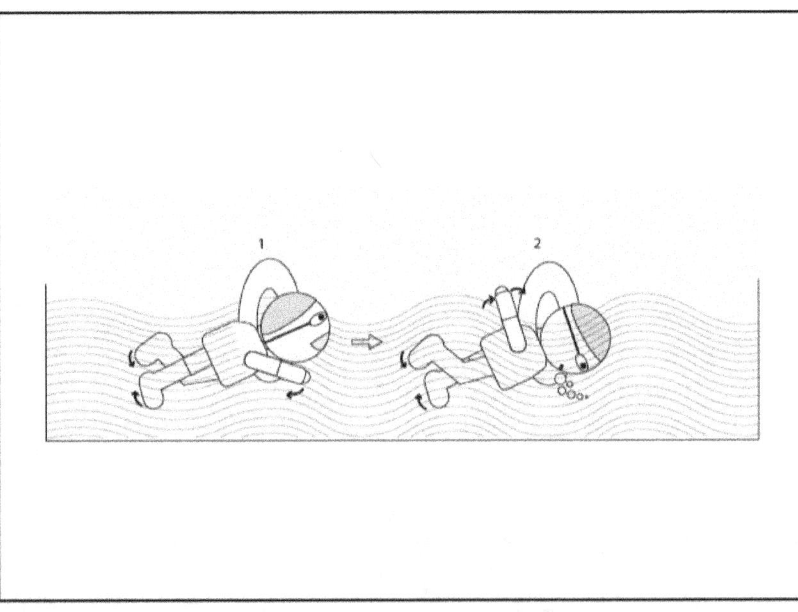

13.

Participação: Grupo.

Tipo de piscina: Iniciação.

Material: *Flutuadores.*

Descrição do exercício: *Todos com o flutuador colocado e de mãos dadas, formam um círculo e tentam rodar em todos os sentidos possíveis.*

Classificação: Exercício de familiarização.

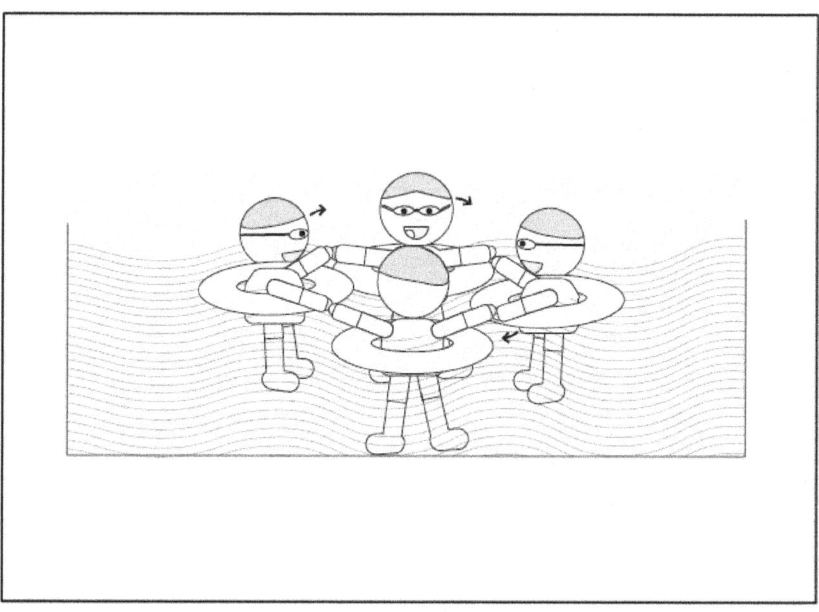

14.

Participação: Grupo.

Tipo de piscina: Iniciação.

Material: Bolas, flutuadores, *garrafas, baldes.*

Descrição do exercício: O material estará distribuído pela piscina. Os alunos, com o flutuador colocado, devem ir *recolhendo-o e levando-o ao professor.*

Classificação: Exercício de familiarização.

15.

Participação: Pares.

Tipo de piscina: Iniciação.

Material: *Flutuadores, jangada flutuante ou tapete.*

Descrição do exercício: *Os alunos com o flutuador colocado, um subirá para o tapete ou jangada flutuante, enquanto o outro o desloca pela piscina.*
Classificação: Exercício de familiarização.

16.

Participação: Grupos de 3.

Tipo de piscina: Iniciação.

Material: *Flutuadores.*

Descrição do exercício: *Todos com flutuador, dois dos alunos vão transportar o terceiro agarrando-o pelos braços e pernas.*

Classificação: Exercício de familiarização.

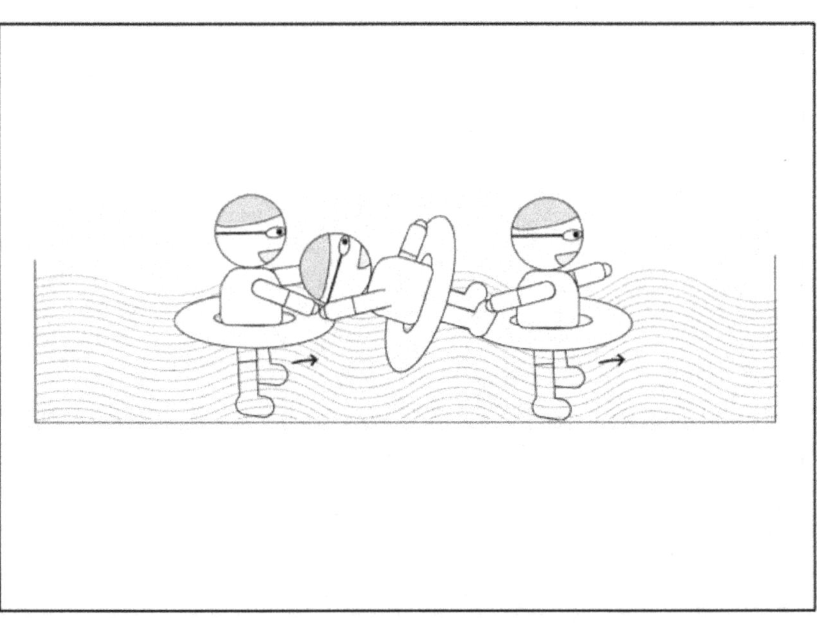

17.

Participação: Individual.

Tipo de piscina: Iniciação.

Material: *Flutuadores.*

Descrição do exercício: *Cada aluno colocará um flutuador em cada braço e tentará levantar as pernas.*

Classificação: Exercício de familiarização.

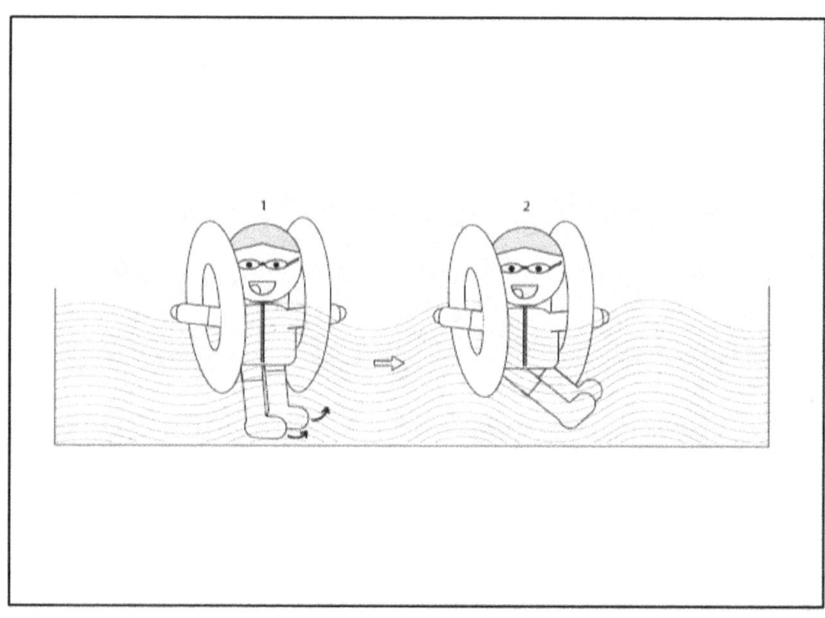

18.

Participação: Individual.

Tipo de piscina: Iniciação.

Material: *Flutuador, bola.*

Descrição do exercício: *Com o flutuador colocado, cada aluno deverá ir nadando e empurrando uma bola.*

Classificação: Exercício de familiarização.

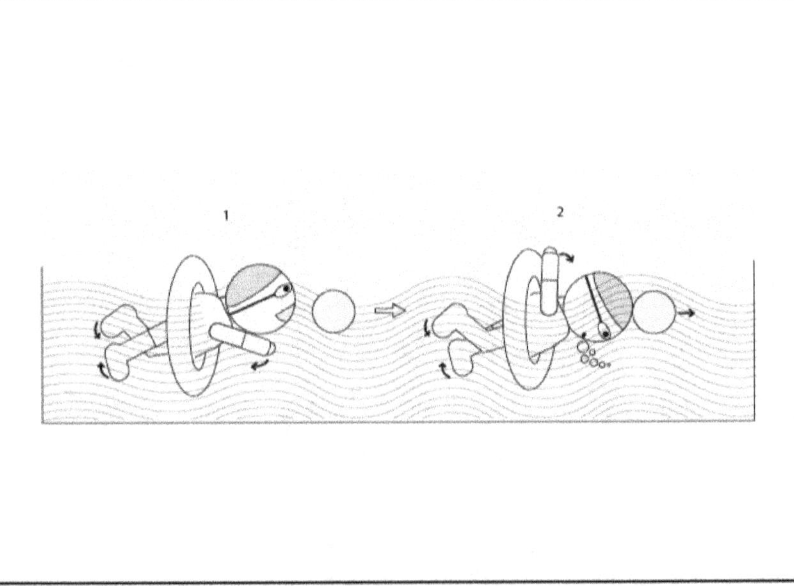

19.

Participação: Individual.

Tipo de piscina: Iniciação.

Material: *Corda longa.*

Descrição do exercício: *De lado a lado da piscina, dois alunos vão segurar uma corda. Os restantes vão agarrados à referida corda, caminhando de um lado a outro da piscina. Os papéis dos alunos vão alternando.*
Classificação: Exercício de familiarização.

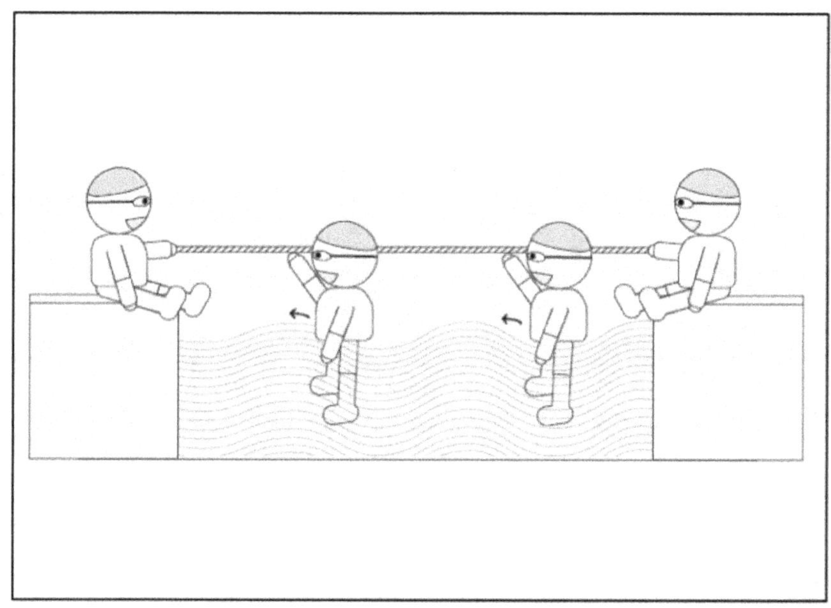

20.

Participação: Individual.

Tipo de piscina: Iniciação.

Material: Bolas médias.

Descrição do exercício: Os alunos vão-se deslocar em qualquer direção empurrando uma bola com o nariz.

Classificação: Exercício de familiarização.

21.

Participação: Individual.

Tipo de piscina: Iniciação.

Material: *Bolas médias.*

Descrição do exercício: Os alunos vão-se deslocar em qualquer direção empurrando uma bola com o peito.

Classificação: Exercício de familiarização.

22.

Participação: Individual.

Tipo de piscina: Iniciação.

Material: Pranchas.

Descrição do exercício: Os alunos vão-se deslocar em qualquer direção com uma prancha em cima da cabeça.

Classificação: Exercício de familiarização.

23.

Participação: Grupo.

Tipo de piscina: Iniciação.

Material: Arcos.

Descrição do exercício: Vários arcos serão distribuídos pela piscina. Os alunos tentarão meter-se por dentro deles.

Classificação: Exercício de familiarização.

24.

Participação: Individual.

Tipo de piscina: Iniciação.

Material: Bolas médias.

Descrição do exercício: Cada aluno terá uma bola, que submergirá para depois soltá-la de uma só vez para que esta suba.

Classificação: Exercício de familiarização.

25.

Participação: Individual.

Tipo de piscina: Iniciação.

Material: Nenhum.

Descrição do exercício: *Cada aluno vai deslocar-se dando saltos com as pernas juntas, e levando ambas as mãos até atrás para ganhar impulso.*

Classificação: Exercício de familiarização.

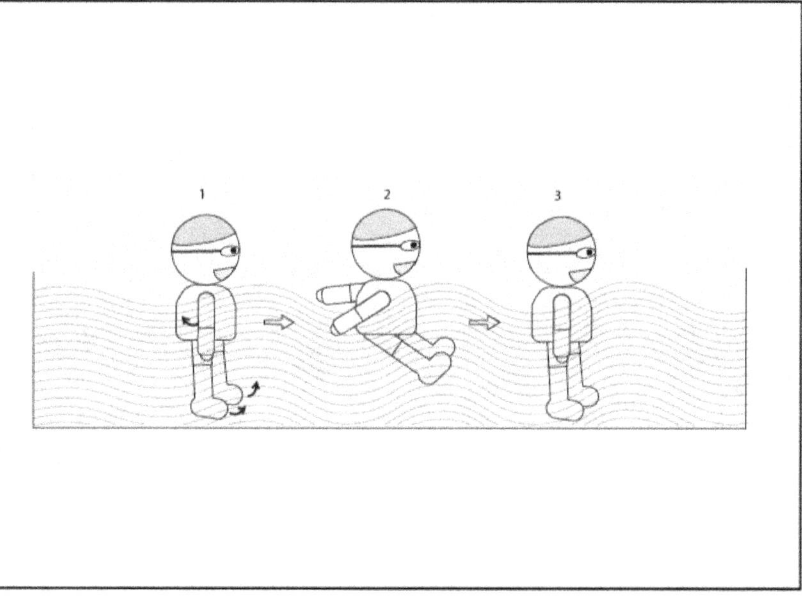

26.

Participação: Pares.

Tipo de piscina: Iniciação.

Material: Nenhum.

Descrição do exercício: *Os alunos vão colocar-se a pares, um atrás do outro, agarrando-se aos ombros e vão deslocar-se juntos pela piscina.*

Classificação: Exercício de familiarização.

27.

Participação: Pares.

Tipo de piscina: Iniciação.

Material: Nenhum.

Descrição do exercício: Cada aluno vai segurar o outro pelos braços e vão deslocar-se pela piscina em todas as direções.

Classificação: Exercício de familiarização.

28.

Participação: Pares.

Tipo de piscina: Iniciação.

Material: Tapetes.

Descrição do exercício: *Um aluno subirá para o tapete e o outro empurrará o mesmo.*

Classificação: Exercício de familiarização.

29.

Participação: Grupo.

Tipo de piscina: Iniciação.

Material: Arcos, bolas.

Descrição do exercício: *Os alunos serão colocados dentro da piscina com um arco ao redor da cintura. O professor, desde do bordo da piscina, lançará bolas de que os alunos deverão desviar-se, evitando que toquem no arco.*
Classificação: Exercício de familiarização.

30.

Participação: Individual.

Tipo de piscina: Iniciação.

Material: Pull-boy, bolas, flutuadores, pranchas.

Descrição do exercício: O aluno colocará um pull-boy debaixo de um dos braços, e com o outro tentará ir recolhendo o material distribuído pela piscina.

Classificação: Exercício de familiarização.

31.

Participação: Grupo.

Tipo de piscina: Iniciação.

Material: Bola.

Descrição do exercício: Os alunos vão formar um círculo, que se irá deslocando. No meio será colocada uma bola que os alunos terão de manter no centro tocando com o pé.

Classificação: Exercício de familiarização.

32.

Participação: Pares.

Tipo de piscina: Iniciação.

Material: Arco, bola, flutuador.

Descrição do exercício: Com um peso amarrado, será colocado um arco em posição vertical, através do qual os alunos vão passar bolas.
Classificação: Exercício de familiarização.

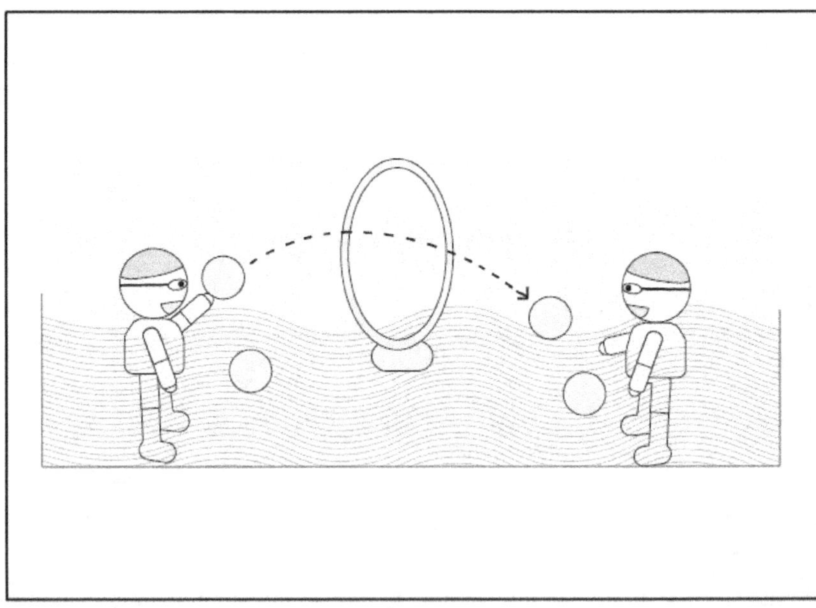

33.

Participação: Individual.

Tipo de piscina: Iniciação.

Material: Bolas, flutuadores.

Descrição do exercício: Cada aluno vai sentar-se numa bola e, com um flutuador na cintura, e vai deslocar-se com a ajuda das suas mãos.

Classificação: Exercício de familiarização.

34.

Participação: Individual

Tipo de piscina: Profunda.

Material: Flutuadores.

Descrição do exercício: Com o flutuador colocador, cada aluno vai descer pelas escadas, e permanecerá por alguns segundos flutuando na água e vai subir as escadas novamente.

Classificação: Exercício de familiarização.

35.

Participação: Individual.

Tipo de piscina: Profunda.

Material: Flutuadores.

Descrição do exercício: Com o flutuador colocado, os alunos vão deslocar-se à volta da piscina agarrados ao bordo.

Classificação: Exercício de familiarização.

36.

Participação: Individual.

Tipo de piscina: Profunda

Material: Flutuadores, braçadeiras.

Descrição do exercício: Com um flutuador na cintura e braçadeiras, os alunos vão deslocando-se livremente pela piscina.

Clasificación: *Exercício de familiarização.*

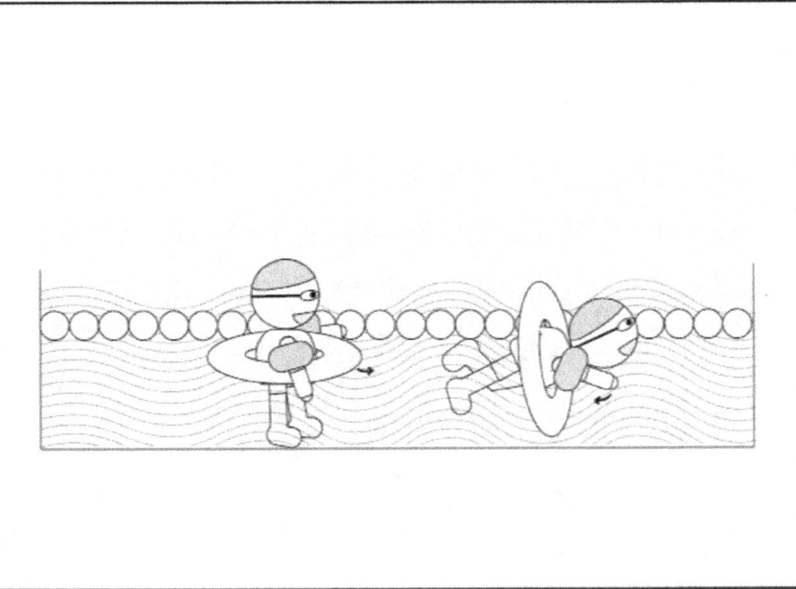

37.

Participação: Individual

Tipo de piscina: Profunda.

Material: Flutuadores, bolas.

Descrição do exercício: Com o flutuador colocado, cada aluno terá uma bola que vai empurrando ao mesmo tempo que se desloca.

Classificação: *Exercício de familiarização.*

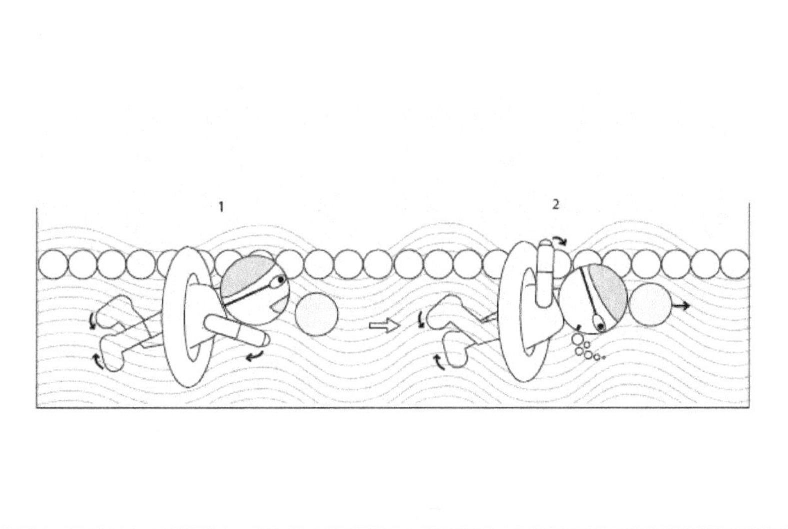

38.

Participação: Individual.

Tipo de piscina: Profunda.

Material: Flutuadores, pull-boy.

Descrição do exercício: Com o flutuador e um pull-boy entre as pernas, os alunos vão deslocar-se nadando em crol.

Classificação: Exercício de familiarização.

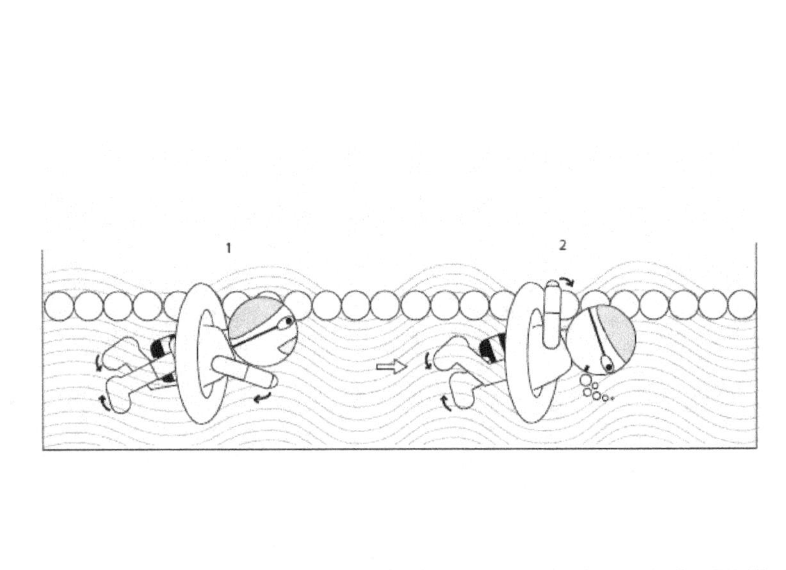

39.

Participação: Grupo.

Tipo de piscina: Profunda.

Material: Flutuadores, bolas, baldes, tapetes.

Descrição do exercício: Cada aluno terá um flutuador colocado. Vários objetos (bolas, baldes, tapetes) serão colocados na piscina, com os quais irão brincar livremente.

Classificação: Exercício de familiarização.

40.

Participação: Individual.

Tipo de piscina: Profunda.

Material: Prancha.

Descrição do exercício: Cada aluno vai agarrar-se com uma mão ao separador de pista e com a outra uma prancha. Vão deslocar-se olhando o teto, batendo os pés de costas.

Classificação: Exercício de familiarização.

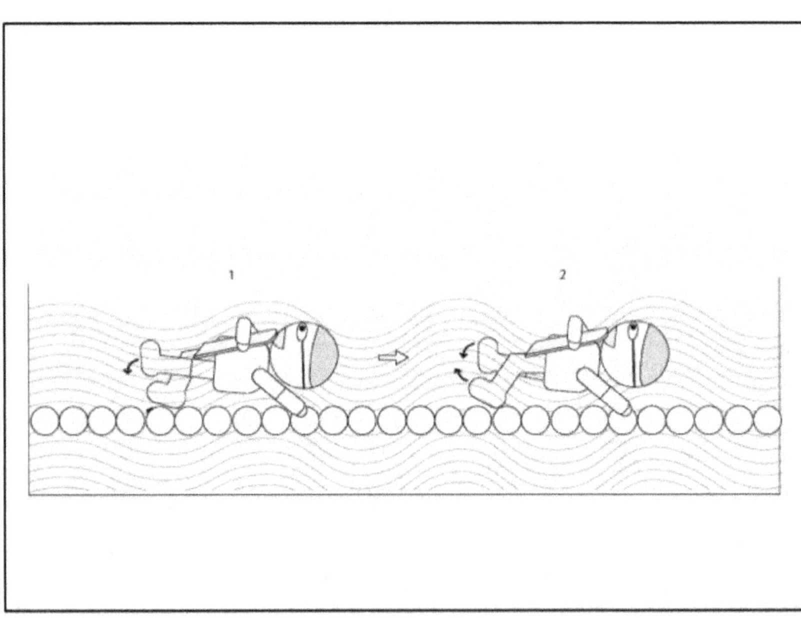

41.

Participação: Pares.

Tipo de piscina: Iniciação.

Material: Bolas.

Descrição do exercício: Os alunos serão colocados frente a frente. Um dos alunos fica com uma bola, e o parceiro indicará onde colocá-la (em cima, à direita, etc.)

Classificação: Exercício de perceção.

42.

Participação: Individual.

Tipo de piscina: Iniciação.

Material: Flutuadores, bola.

Descrição do exercício: Vários flutuadores serão colocadas na água. Cada aluno deverá contorná-los ao mesmo tempo que desloca uma bola com o peito.
Classificação: Exercício de perceção.

43.

Participação: Individual.

Tipo de piscina: Iniciação.

Material: Bola.

Descrição do exercício: Cada aluno terá uma bola, que deverá passa-la de acordo com as instruções do professor: de uma mão para outra, lança-la com a mão direita, lança-la da frente para trás.

Classificação: Exercício de perceção.

44.

Participação: Individual.

Tipo de piscina: Iniciação.

Material: Bola.

Descrição do exercício: Cada aluno terá uma bola que vai submergir. Vai tentar deslocar-se livremente através da água sem que esta volte à superfície.

Classificação: Exercício de perceção.

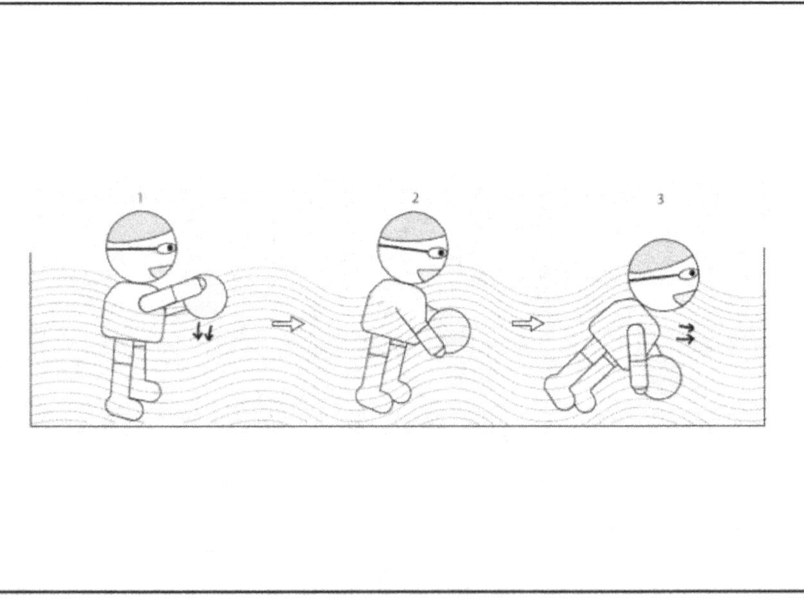

45.

Participação: Individual.

Tipo de piscina: Iniciação.

Material: Bola.

Descrição do exercício: Cada aluno terá uma bola. Com as pernas separadas, vão tentar passar a bola para trás e apanhá-la quando chegar à superfície.

Classificação: Exercício de perceção.

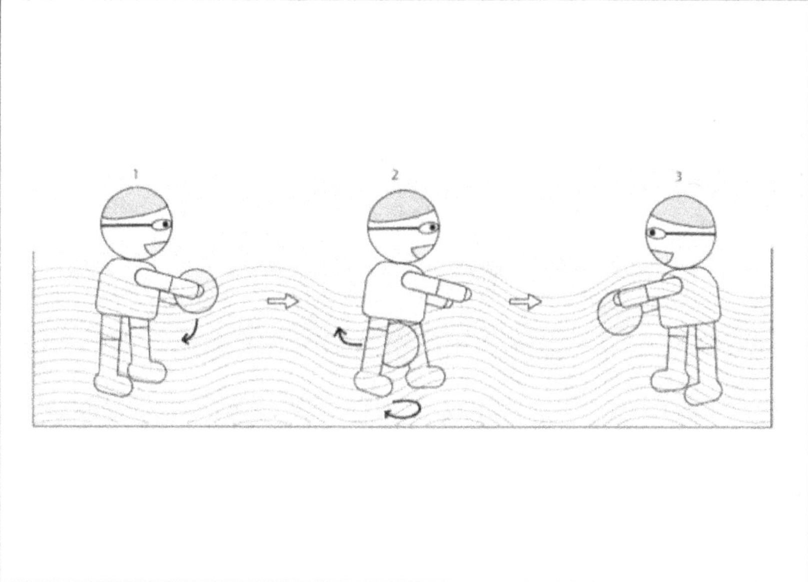

46.

Participação: Grupo.

Tipo de piscina: Iniciação.

Material: Bola.

Descrição do exercício: Os alunos serão colocados em fila com as pernas separadas. Vão passando uma bola para trás sem que esta venha à superfície.

Classificação: Exercício de perceção.

47.

Participação: Individual.

Tipo de piscina: Iniciação.

Material: Arcos, bolas.

Descrição do exercício: Cada aluno terá uma bola que deverá introduzir por baixo do arco, soltá-la e que esta venha para cima.
Classificação: Exercício de perceção.

48.

Participação: Individual.

Tipo de piscina: Iniciação.

Material: Arco.

Descrição do exercício: Vão colocar-se tantos arcos na piscina como alunos. Os alunos vão deslocar-se segundo as indicações do professor: ao redor do arco, passando por baixo ou por cima.
Classificação: Exercício de perceção.

49.

Participação: Individual.

Tipo de piscina: Iniciação.

Material: Flutuadores.

Descrição do exercício: Cada aluno vai sentar-se num flutuador, e saltará segundo as indicações do professor: para a frente/atrás, para a esquerda/direita, etc.

Classificação: Exercício de perceção.

50.

Participação: Individual.

Tipo de piscina: Iniciação.

Material: Flutuadores.

Descrição do exercício: Com a ajuda do professor e de 2 flutuadores, cada aluno vai ser colocado olhando para o teto numa posição relaxada.

Classificação: Exercício de perceção.

51.

Participação: Individual.

Tipo de piscina: Iniciação.

Material: Flutuadores.

Descrição do exercício: Com um flutuador na cintura, cada aluno vai colocar-se olhando o teto e alternadamente coloca os joelhos no peito.

Classificação: Exercício de perceção.

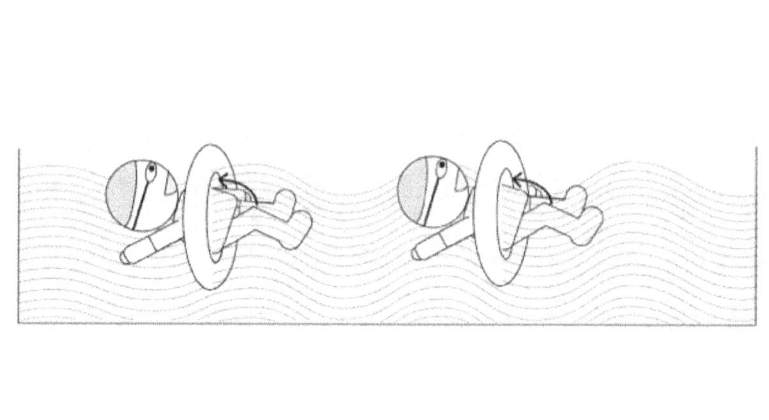

52.

Participação: Individual.

Tipo de piscina: Iniciação.

Material: Flutuadores.

Descrição do exercício: Com um flutuador na cintura, cada aluno vai colocar-se olhando o teto, levantará as pernas e "pedalará" por fora da água.

Classificação: Exercício de perceção.

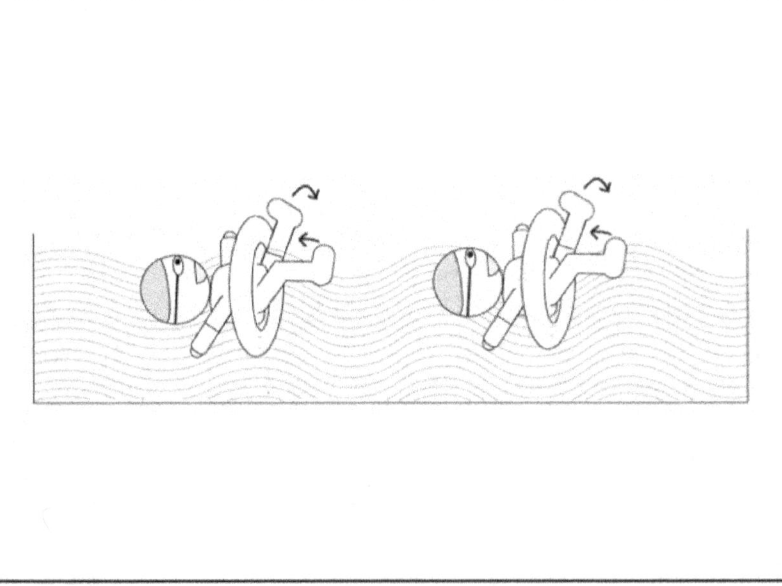

53.

Participação: Individual.

Tipo de piscina: Iniciação.

Material: Flutuadores e bolas.

Descrição do exercício: Todo o material vai ser colocado na água. Cada aluno terá os olhos tapados com a sua própria touca, e terá de identificar os objetos para posteriormente colocá-los de um lado ou de outro da piscina (por exemplo, flutuadores à esquerda e bolas à direita).

Classificação: Exercício de perceção.

54.

Participação: Individual.

Tipo de piscina: Iniciação.

Material: Flutuadores, bolas, pranchas, baldes.

Descrição do exercício: Os alunos vão deslocar-se livremente em torno da piscina com um dos materiais. O professor marcará um ritmo que os alunos deverão de reproduzir com batimentos no material.

Classificação: Exercício de perceção.

55.

Participação: Pares.

Tipo de piscina: Iniciação.

Material: Bola.

Descrição do exercício: Os alunos vão passar uma bola, um com as mãos e o outro devolve-a com a cabeça.

Classificação: Exercício de perceção.

56.

Participação: Grupo.

Tipo de piscina: Iniciação.

Material: Bola gigante.

Descrição do exercício: Os alunos vão colocar-se em fila e vão passando a bola de uns para os outros por cima da cabeça.

Classificação: Exercício de perceção.

57.

Participação: Individual.

Tipo de piscina: Iniciação.

Material: Duas bolas por aluno.

Descrição do exercício: Cada aluno vai nadar em crol, ao mesmo tempo que empurra uma bola alternadamente com cada mão.
Classificação: Exercício de perceção.

58.

Participação: Individual.

Tipo de piscina: Iniciação.

Material: Nenhum.

Descrição do exercício: O professor vai marcar um ritmo com palmas, que os alunos deverão seguir batendo na água com os braços e as mãos.
Classificação: Exercício de perceção.

59.

Participação: Individual.

Tipo de piscina: Iniciação.

Material: Nenhum.

Descrição do exercício: O professor nomeará diferentes partes do corpo, que os alunos deverão submergir se estiverem fora da água ou vice-versa.
Classificação: Exercício de perceção.

60.

Participação: Pares.

Tipo de piscina: Iniciação.

Material: Nenhum.

Descrição do exercício: Os alunos serão colocados frente a frente. Um dos alunos realizará a braçada de um dos estilos e o companheiro vai tentar reproduzi-la.

Classificação: Exercício de perceção.

61.

Participação: Individual.

Tipo de piscina: Iniciação.

Material: Nenhum.

Descrição do exercício: O professor indicará uma direção até onde os alunos terão que saltar com os dois pés juntos.

Classificação: Exercício de perceção.

62.

Participação: Individual.

Tipo de piscina: Iniciação.

Material: Nenhum.

Descrição do exercício: Os alunos serão colocados na posição "medusa" e tentarão passar para uma posição horizontal ventral (braços e pernas totalmente em extensão.

Classificação: Exercício de perceção.

63.

Participação: Pares.

Tipo de piscina: Iniciação.

Material: Nenhum.

Descrição do exercício: Um dos alunos será colocado relaxado numa posição horizontal dorsal e o parceiro tentará posicioná-lo em posição vertical.

Classificação: Exercício de perceção.

64.

Participação: Individual.

Tipo de piscina: Iniciação.

Material: Balões.

Descrição do exercício: Cada aluno terá um balão, que irá insuflar e posteriormente deixará sair o ar.

Classificação: Exercício de condicionamento: respiração.

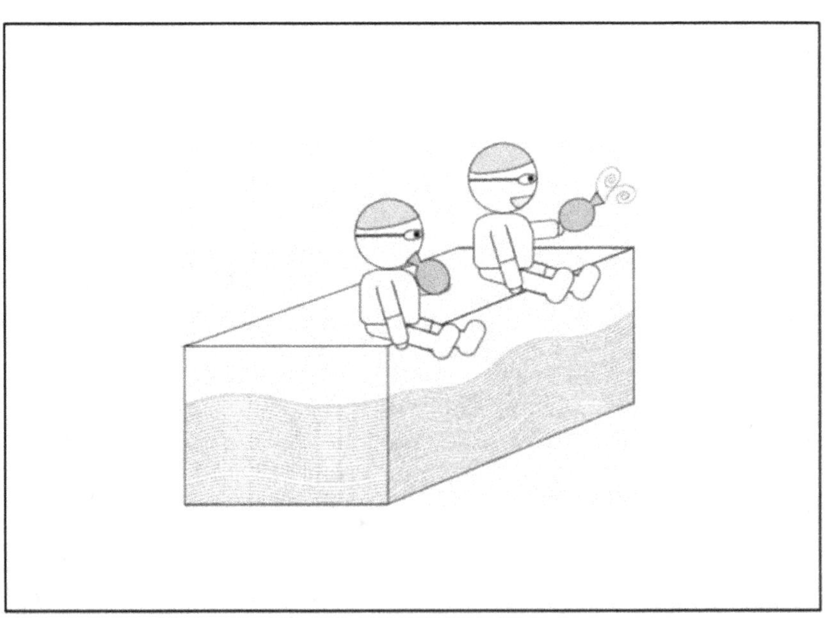

65.

Participação: Grupo.

Tipo de piscina: Iniciação.

Material: Jangada insuflável, balões.

Descrição do exercício: Enche-se a jangada insuflável de água, de onde os alunos recolhem a água para encher os balões e lançá-los aos colegas.

Classificação: Exercício de condicionamento: respiração.

66.

Participação: Individual.

Tipo de piscina: Iniciação.

Material: Nenhum.

Descrição do exercício: Agarrados ao bordo da piscina, os alunos recolhem o máximo de ar possível e vão expulsá-lo pela boca e pelo nariz.

Classificação: Exercício de condicionamento: respiração.

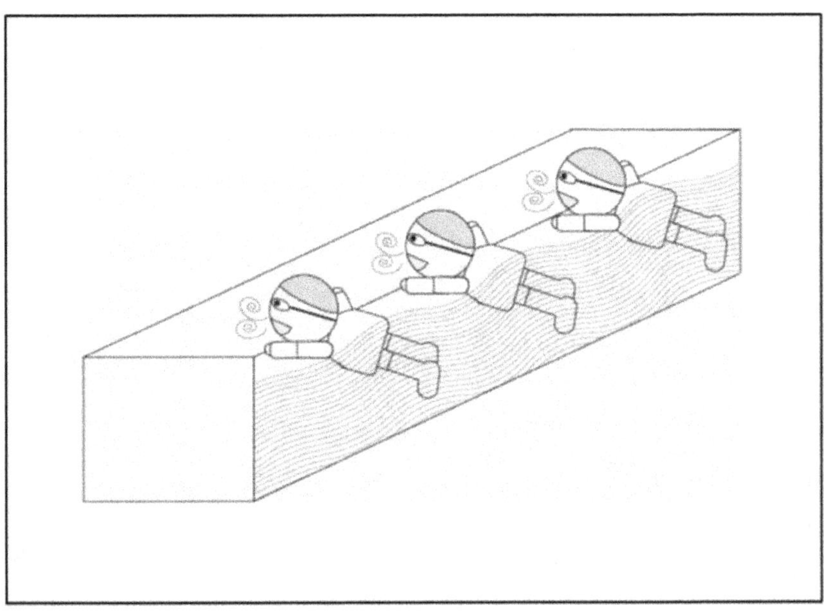

67.

Participação: Individual.

Tipo de piscina: Iniciação.

Material: Nenhum.

Descrição do exercício: Sentados no bordo da piscina, os alunos jogam água no rosto com as mãos.

Classificação: Exercício de condicionamento: respiração.

68.

Participação: Pares.

Tipo de piscina: Iniciação.

Material: Nenhum.

Descrição do exercício: Sentados no bordo da piscina, os alunos vão jogar água uns nos outros.

Classificação: Exercício de condicionamento: respiração.

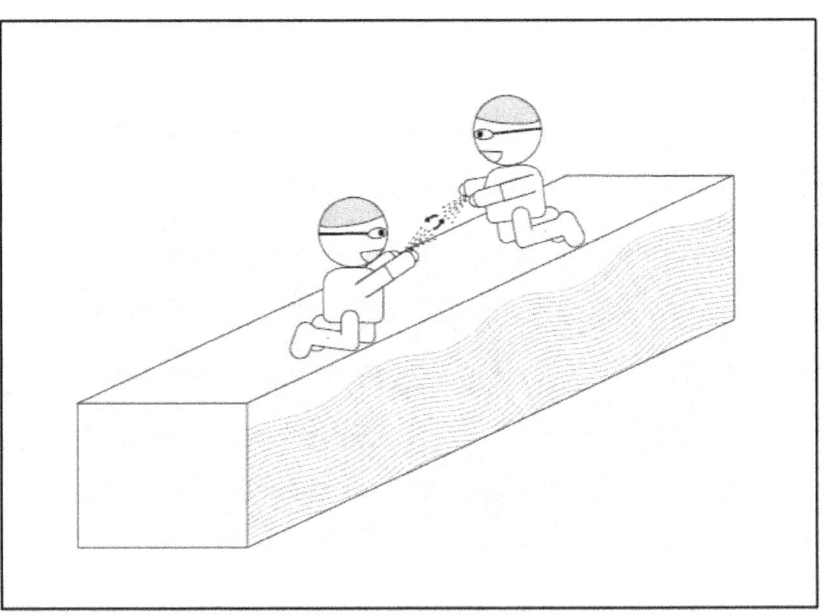

69.

Participação: Grupo.

Tipo de piscina: Iniciação.

Material: Nenhum.

Descrição do exercício: Todos dentro de água vão tentar lançar água para cima com a máxima força possível.

Classificação: Exercício de condicionamento: respiração.

70.

Participação: Individual.

Tipo de piscina: Iniciação.

Material: Bolas de ping-pong.

Descrição do exercício: Cada aluno terá duas bolas de ping-pong que devem ir sopradas para se deslocarem sem que se separem.

Classificação: Exercício de condicionamento: respiração.

71.

Participação: Individual.

Tipo de piscina: Iniciação.

Material: Nenhum.

Descrição do exercício: Os alunos vão recolher ar e colocar o nariz na água, sem soltar o ar.

Classificação: Exercício de condicionamento: respiração.

72.

Participação: Individual.

Tipo de piscina: Iniciação.

Material: Nenhum.

Descrição do exercício: Agarrados ao bordo da piscina, os alunos vão recolher ar e introduzir a cabeça dentro de água sem soltar o ar.

Classificação: Exercício de condicionamento: respiração.

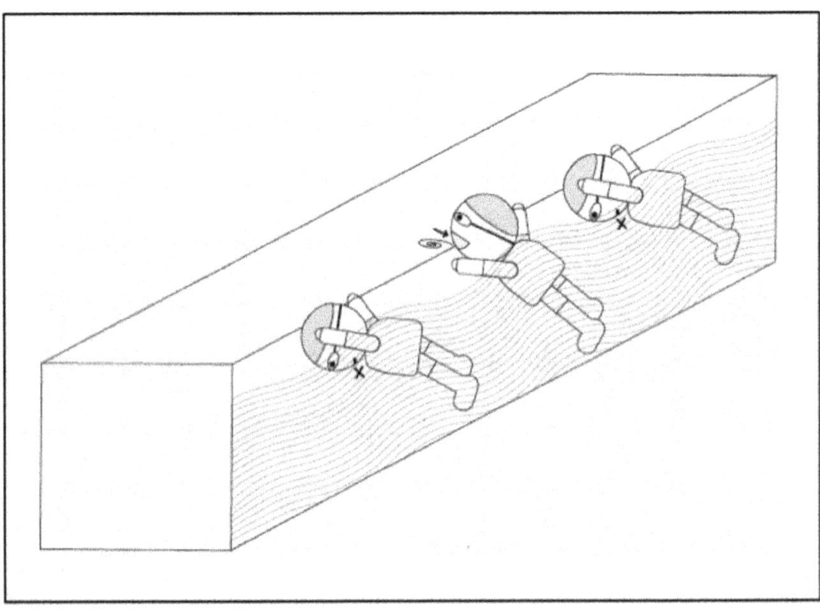

73.

Participação: Grupo.

Tipo de piscina: Iniciação.

Material: Nenhum.

Descrição do exercício: Os alunos vão dar as mãos formando um círculo. Vão submergir todos de uma só vez e vão expulsar o ar com força, fazendo borbulhas.

Classificação: Exercício de condicionamento: respiração.

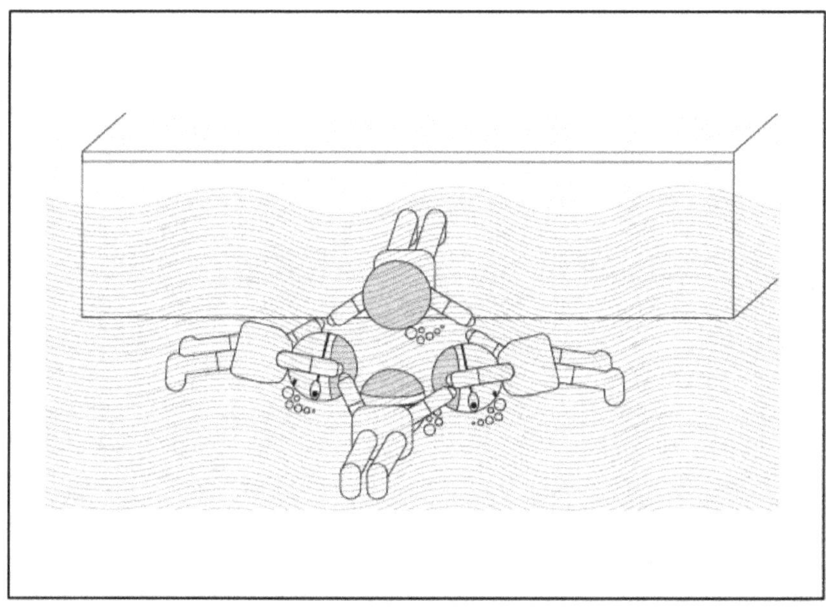

74.

Participação: Grupos de 4.

Tipo de piscina: Iniciação.

Material: Arco.

Descrição do exercício: Três dos alunos vão agarrar o arco, e vão rodando. O aluno restante vai tentar meter-se por baixo do arco.

Classificação: Exercício de condicionamento: respiração.

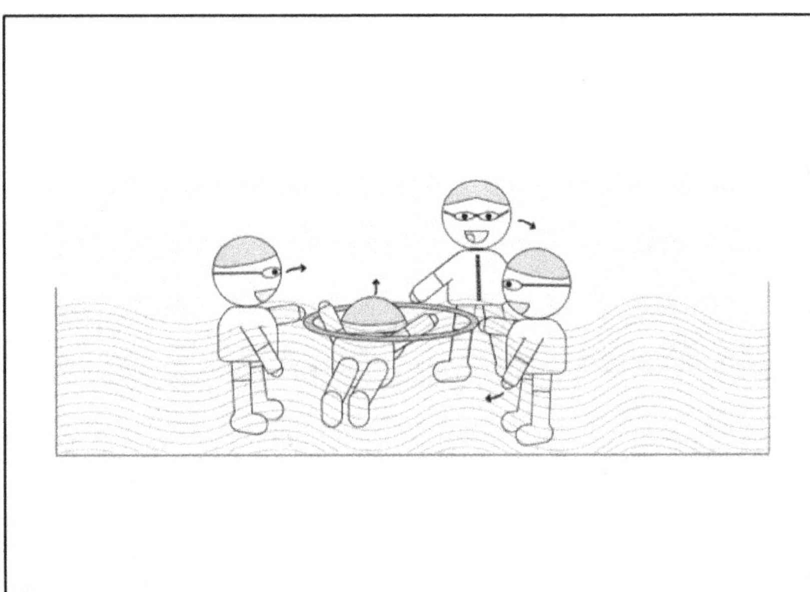

75.

Participação: Grupo.

Tipo de piscina: Iniciação.

Material: Nenhum.

Descrição do exercício: Dois alunos vão colocar-se um em frente ao outro agarrando-se pelas mãos. O restantes vão tentar passar por baixo.

Classificação: Exercício de condicionamento: respiração.

76.

Participação: Grupo.

Tipo de piscina: Iniciação.

Material: Arcos.

Descrição do exercício: *Vários alunos vão segurar um arco cada um, formando uma fila de arcos debaixo de água. O resto dos alunos vão tentar passar pelo interior dos mesmos.*

Classificação: Exercício de condicionamento: respiração.

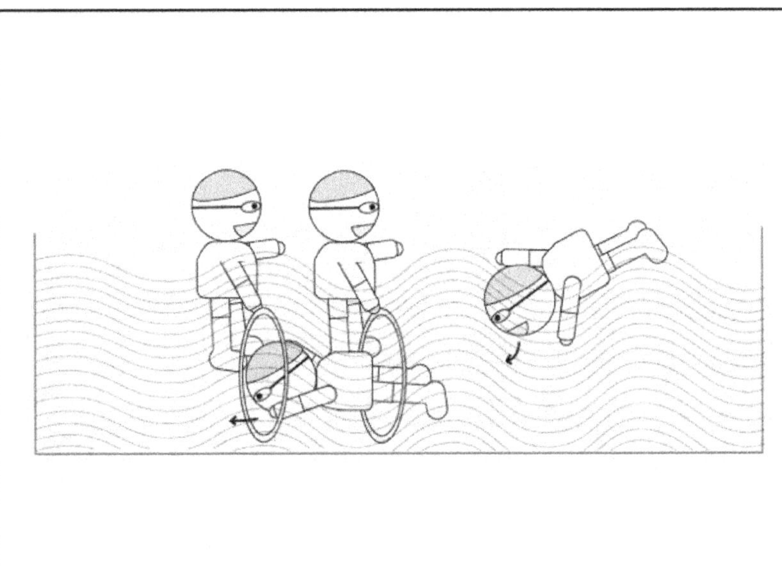

77.

Participação: Individual.

Tipo de piscina: Iniciação.

Material: Nenhum.

Descrição do exercício: Agarrados ao bordo da piscina, os alunos vão submergir a cabeça na água mantendo os olhos abertos.

Classificação: Exercício de condicionamento: respiração.

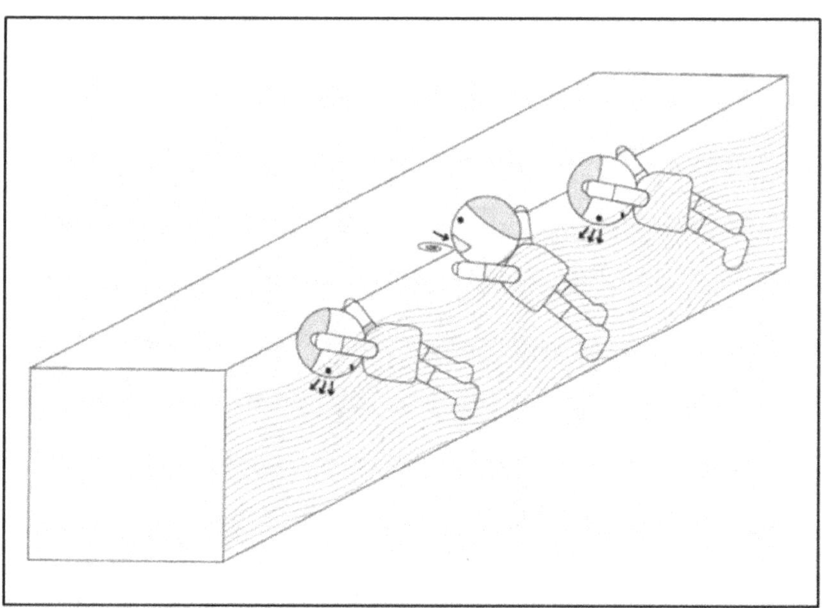

78.

Participação: Individual.

Tipo de piscina: Iniciação.

Material: Nenhum.

Descrição do exercício: Agarrandos ao bordo da piscina, os alunos vão submergir a cabeça dentro da água e vão soprar com força tentando fazer todas as borbulhas possíveis.

Classificação: Exercício de condicionamento: respiração.

79.

Participação: Pares.

Tipo de piscina: Iniciação.

Material: Nenhum.

Descrição do exercício: Os alunos vão dar as mãos e vão submergir/regressar à superfície de forma alternada.

Classificação: Exercício de condicionamento: respiração.

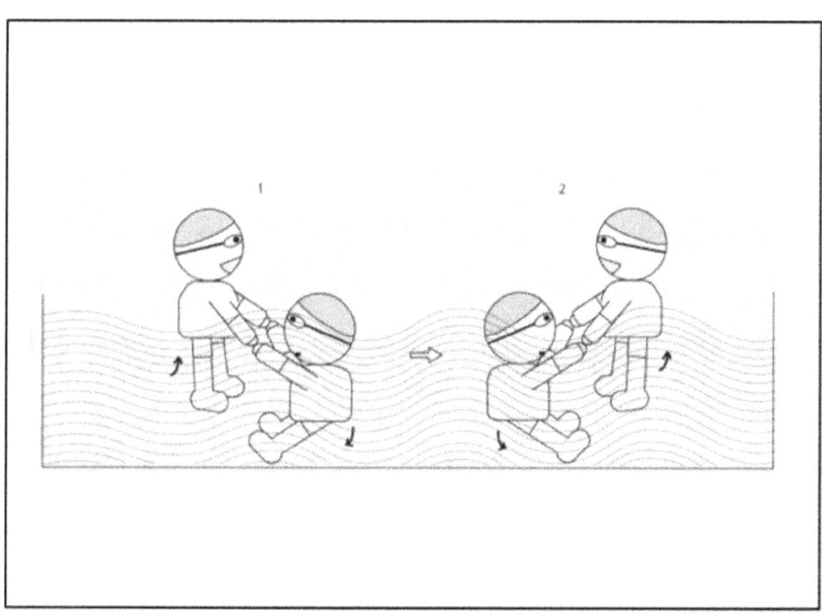

80.

Participação: Pares.

Tipo de piscina: Iniciação.

Material: Nenhum.

Descrição do exercício: Um dos alunos vai submergir. O outro vai marcar um número com a mão, que o companheiro terá de ver e dizer qual é.

Classificação: Exercício de condicionamento: respiração.

81.

Participação: Individual.

Tipo de piscina: Iniciação.

Material: Nenhum.

Descrição do exercício: Cada aluno vai recolher ar e expulsá-lo pela boca, debaixo de água, com força.

Classificação: Exercício de condicionamento: respiração.

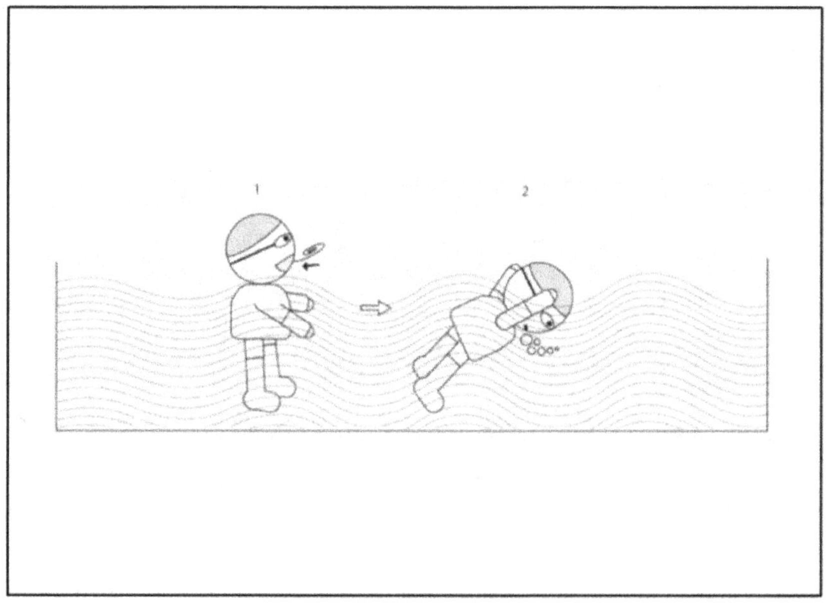

82.

Participação: Individual.

Tipo de piscina: Iniciação.

Material: Nenhum.

Descrição do exercício: Cada aluno vai recolher ar e expulsá-lo pelo nariz, debaixo de água, cobrindo a boca com a mão.

Classificação: Exercício de condicionamento: respiração.

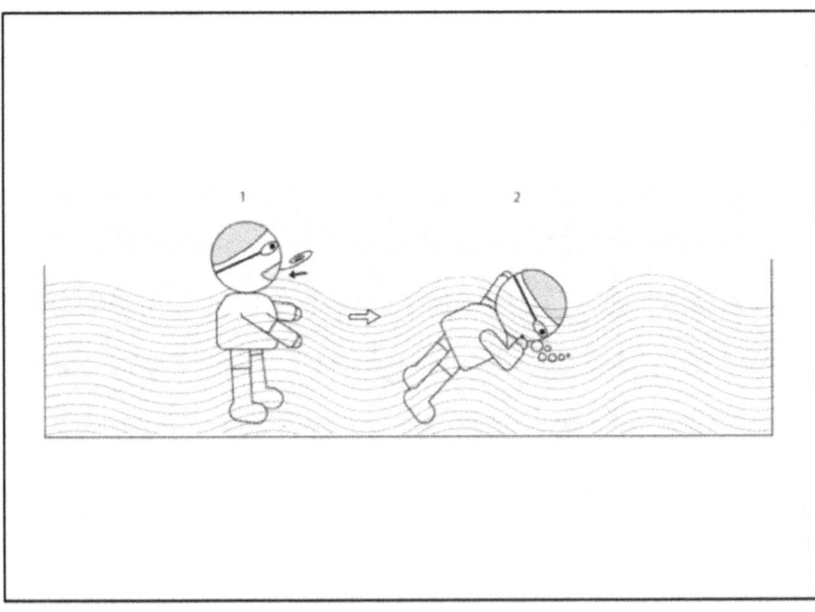

83.

Participação: Individual

Tipo de piscina: Iniciação.

Material: Nenhum.

Descrição do exercício: Cada aluno vai submergir a cabeça e gritar "Oooooh..." fortemente.

Classificação: Exercício de condicionamento: respiração.

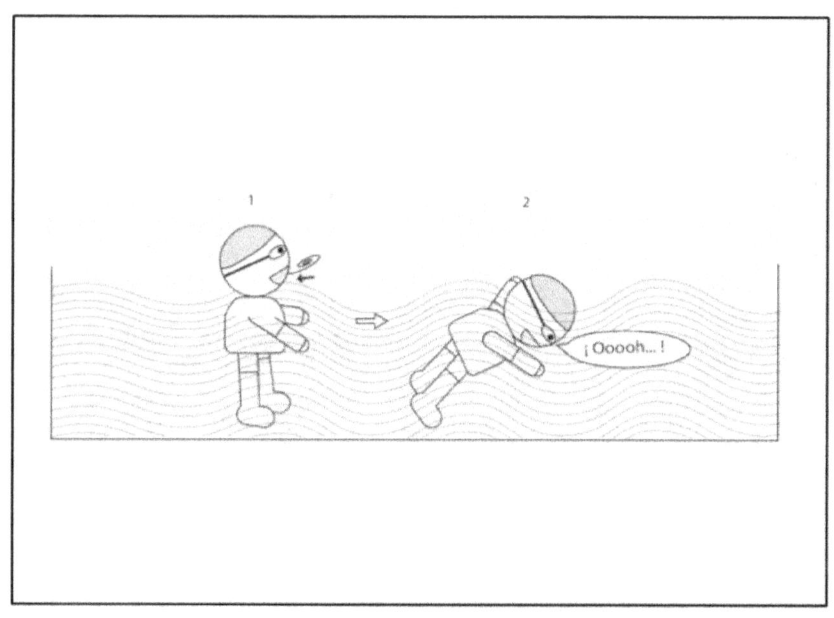

84.

Participação: Individual.

Tipo de piscina: Iniciação.

Material: Nenhum.

Descrição do exercício: Cada aluno recolhe água com a boca e a expulsará para cima.

Classificação: Exercício de condicionamento: respiração.

85.

Participação: Individual.

Tipo de piscina: Iniciação.

Material: Nenhum.

Descrição do exercício: Agarrados ao bordo da piscina com uma mão, os alunos devem coordenar a respiração com a recuperação e tração do outro braço.

Classificação: Exercício de condicionamento: respiração.

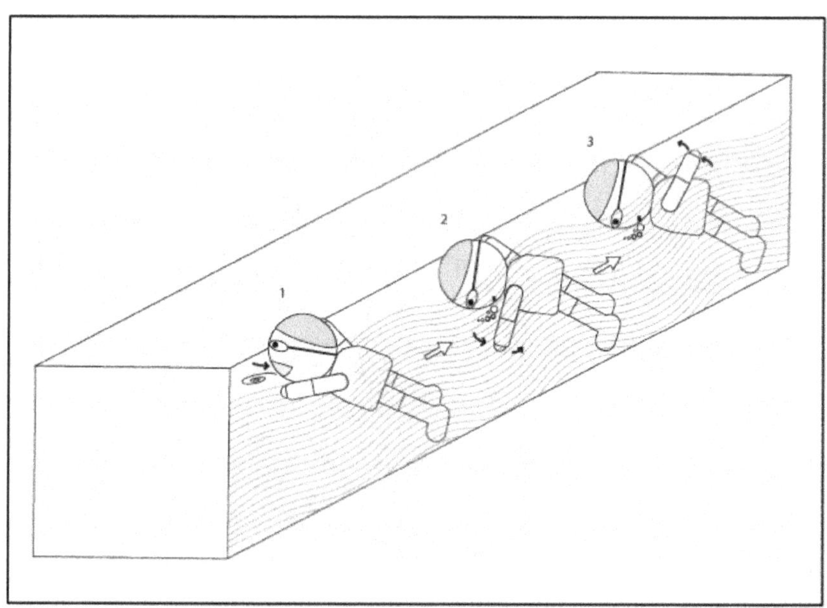

86.

Participação: Individual.

Tipo de piscina: Iniciação.

Material: Nenhum.

Descrição do exercício: Agarrados ao bordo da piscina com ambas as mãos, os alunos devem coordenar a respiração com a recuperação e tração de cada braço de forma alternada.

Classificação: Exercício de condicionamento: respiração.

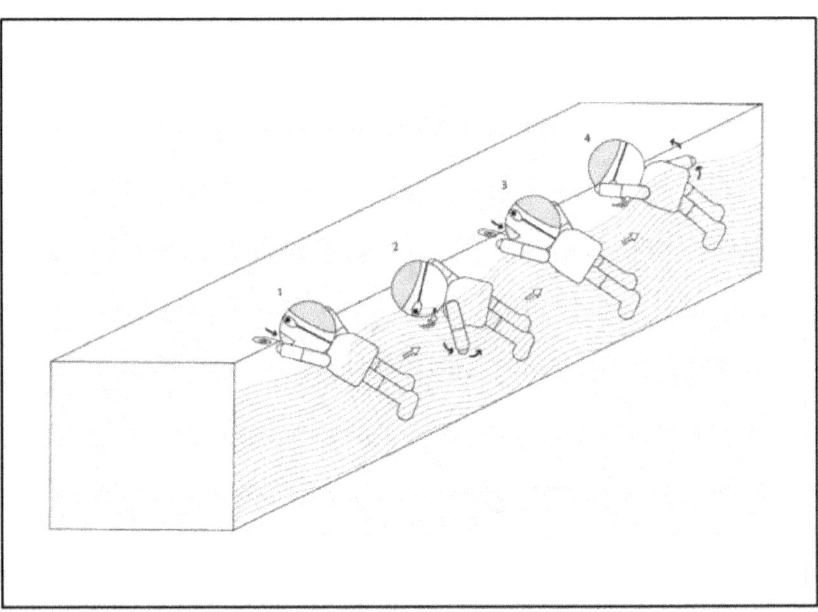

87.

Participação: Pares.

Tipo de piscina: Iniciação.

Material: Nenhum.

Descrição do exercício: Os alunos vão dar as mãos. De forma alternada, vão recolher ar e expulsá-lo debaixo de água pela boca e nariz.

Classificação: Exercício de condicionamento: respiração.

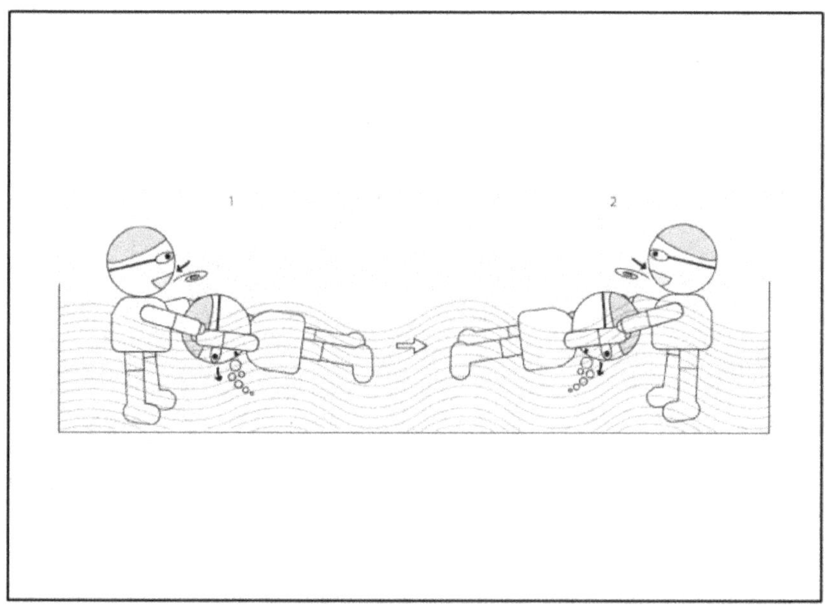

88.

Participação: Individual.

Tipo de piscina: Iniciação.

Material: Prancha.

Descrição do exercício: Os alunos vão deslocar-se pela piscina agarrados a uma prancha. Vão recolher ar e manter a cabeça dentro de água, sustendo a respiração.

Classificação: Exercício de condicionamento: respiração.

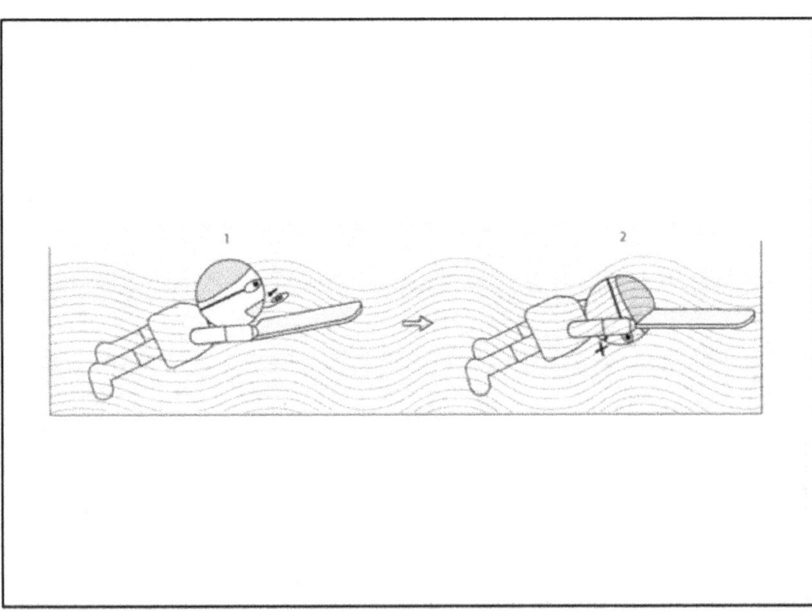

89.

Participação: Individual

Tipo de piscina: Iniciação.

Material: Prancha.

Descrição do exercício: Os alunos vão deslocar-se pela piscina andando e agarrados a uma prancha. Vão respirar de forma lateral, coincidindo com o momento de tração da braçada, e vão expulsar o ar durante a recuperação.

Classificação: Exercício de condicionamento: respiração.

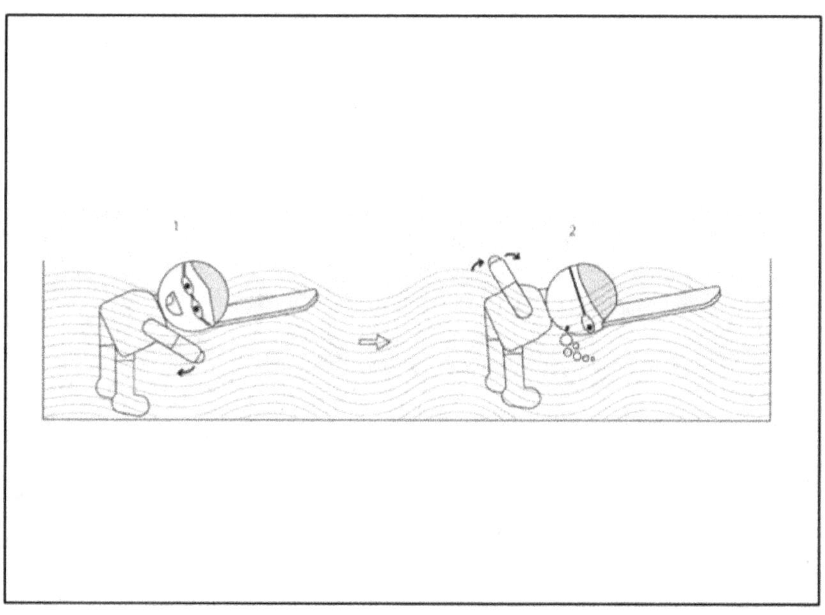

90.

Participação: Individual.

Tipo de piscina: Iniciação.

Material: Nenhum.

Descrição do exercício: Os alunos vão recolher ar pela boca em duas vezes e expulsá-lo debaixo de água em quatro.

Classificação: Exercício de condicionamento: respiração.

91.

Participação: Individual.

Tipo de piscina: Iniciação.

Material: Nenhum.

Descrição do exercício: O professor irá marcar diferentes ritmos de respiração (rápido, lento, etc.) e os alunos devem segui-lo.

Classificação: Exercício de condicionamento: respiração.

92.

Participação: Grupo.

Tipo de piscina: Profunda.

Material: Nenhum.

Descrição do exercício: Todos os alunos vão estar agarrados ao bordo da piscina. Quando o professor disser "Já!", os alunos vão inspirar profundamente e submergir, tentando aguentar o máximo tempo possível.

Classificação: Exercício de condicionamento: respiração.

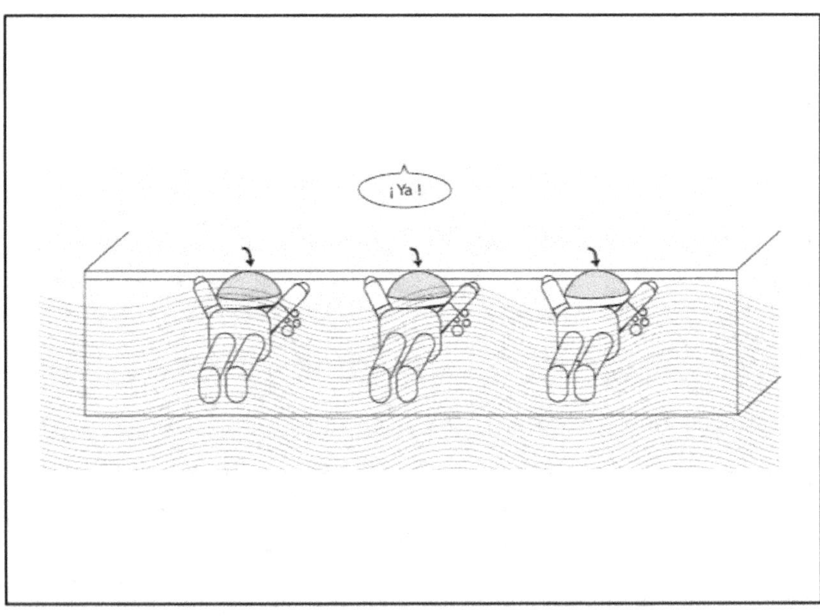

93.

Participação: Individual.

Tipo de piscina: Profunda.

Material: Prancha.

Descrição do exercício: Cada aluno terá uma prancha e vai deslocar-se com uma batida de crol. Eles vão ter que recolher ar lateralmente e expulsá-lo debaixo de água em direção ao fundo da piscina.

Classificação: Exercício de condicionamento: respiração.

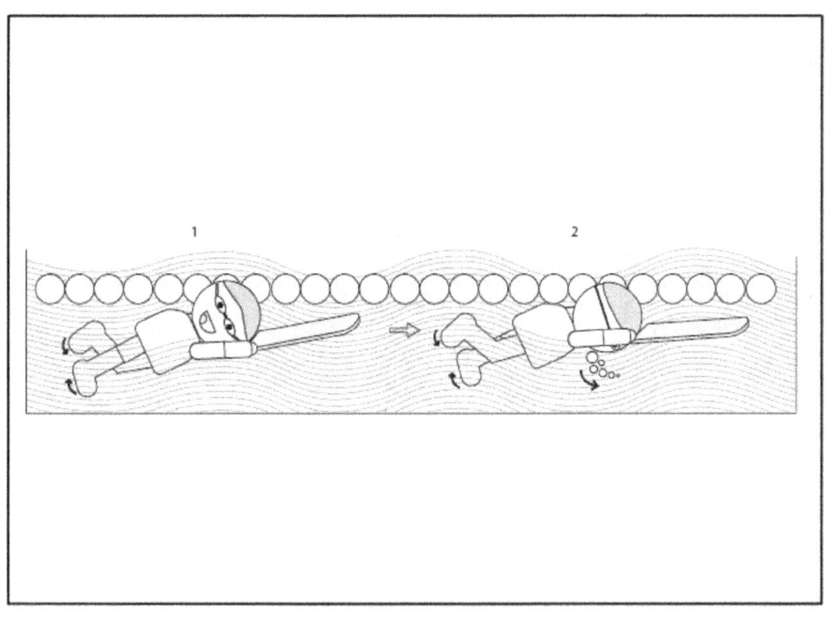

94.

Participação: Individual.

Tipo de piscina: Profunda.

Material: Prancha.

Descrição do exercício: Cada aluno vai agarrar uma prancha com uma mão. Com o braço contrário vai realizar uma braçada de crol ao mesmo tempo que respira lateralmente. Vai repetir de forma alternada com cada braço.
Classificação: Exercício de condicionamento: respiração.

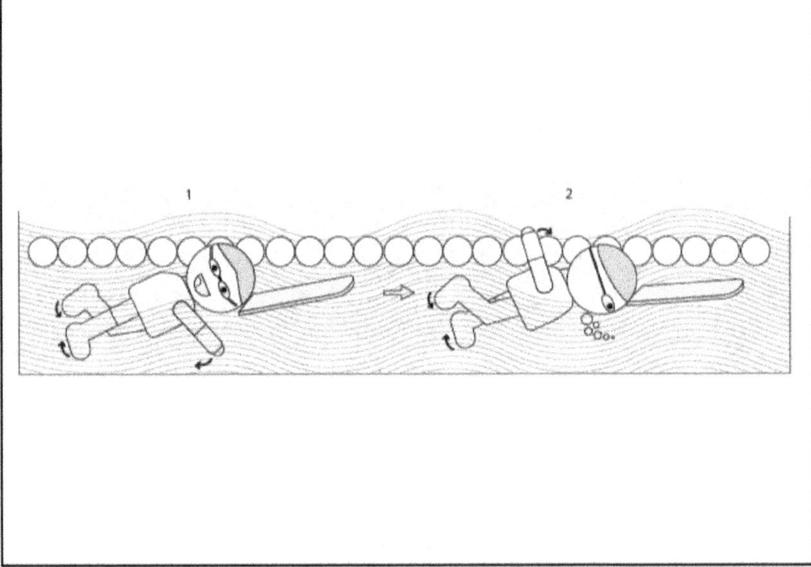

95.

Participação: Individual.

Tipo de piscina: Profunda.

Material: Nenhum.

Descrição do exercício: Cada aluno irá percorrer a distância marcada pelo professor nadando em crol sem respirar.

Classificação: Exercício de condicionamento: respiração.

96.

Participação: Individual.

Tipo de piscina: Profunda.

Material: Bolas de ping-pong.

Descrição do exercício: Cada aluno vai deslocar-se com um batimento de crol, mantendo as mãos nas costas e empurrando uma bola de ping-pong com a cabeça.

Classificação: Exercício de condicionamento: respiração.

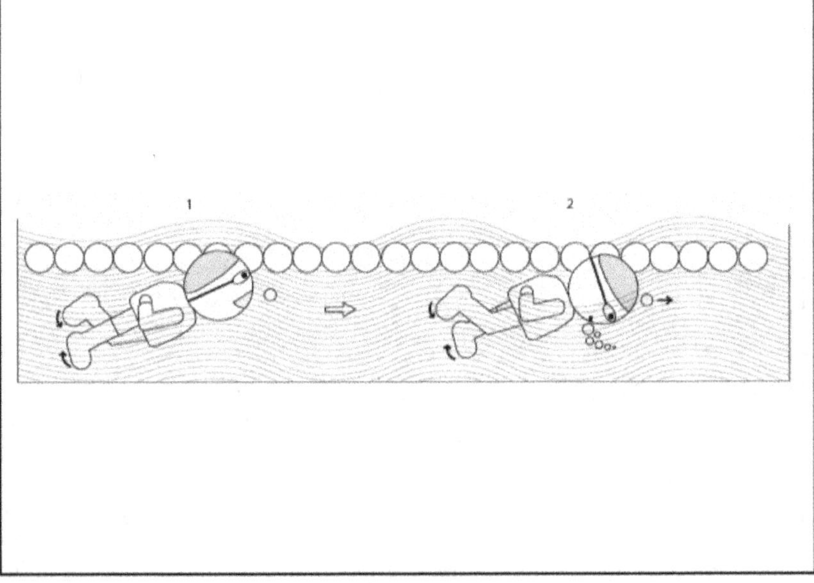

97.

Participação: Grupo.

Tipo de piscina: Iniciação.

Material: Nenhum.

Descrição do exercício: Os alunos vão formar um círculo agarrados pelas mãos. Alguns alunos vão ficar no interior do mesmo e vão tentar sair por entre as pernas dos colegas ou por baixo dos braços.

Classificação: Exercício de condicionamento: respiração.

98.

Participação: Individual.

Tipo de piscina: Profunda.

Material: Nenhum.

Descrição do exercício: Os alunos vão manter-se flutuando em posição vertical. Vão realizar uma inspiração profunda pela boca e submergirão, aguentando por dez segundos.

Classificação: Exercício de condicionamento: respiração.

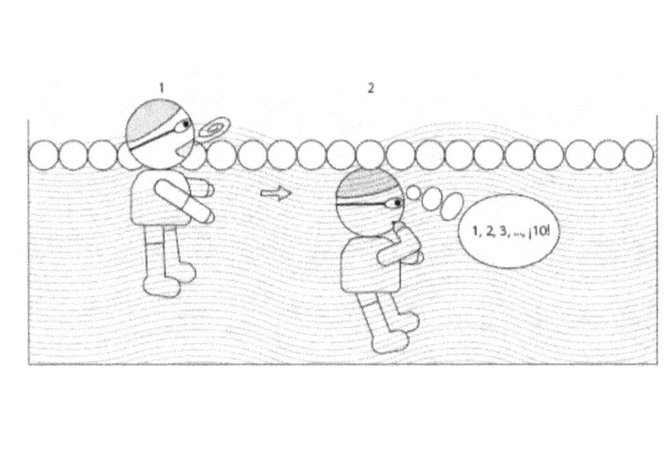

99.

Participação: Individual.

Tipo de piscina: Profunda.

Material: Nenhum.

Descrição do exercício: Cada aluno vai deslocar-se nadando de costas. Vai inspirar pela boca, enquanto realiza a recuperação de um braço, seguido de uma apneia, para finalmente expulsar o ar durante a recuperação do braço contrário.

Classificação: Exercício de condicionamento: respiração.

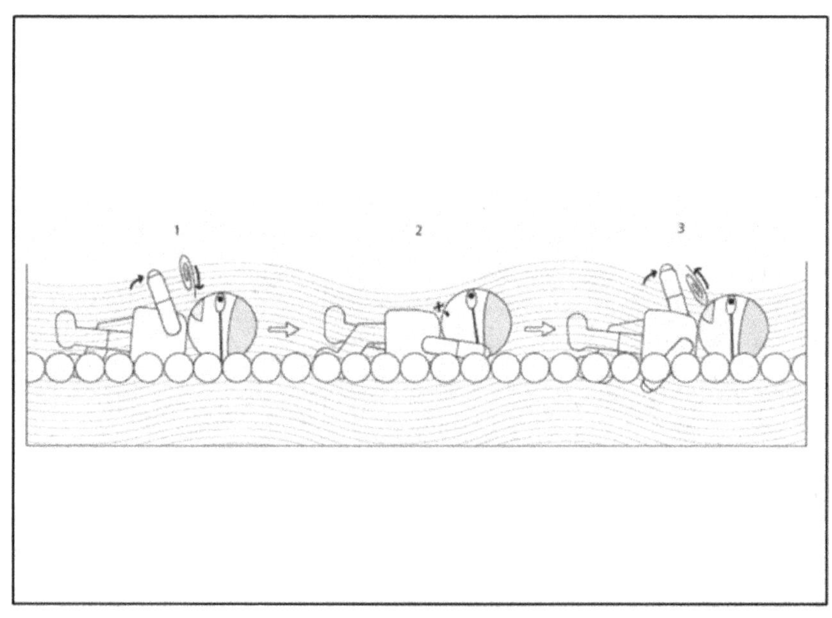

100.

Participação: Individual.

Tipo de piscina: Profunda.

Material: Nenhum.

Descrição do exercício: Cada aluno vai submergir e, sustendo a respiração, vai tentar caminhar no fundo da piscina e nas paredes.

Classificação: Exercício de condicionamento: respiração.

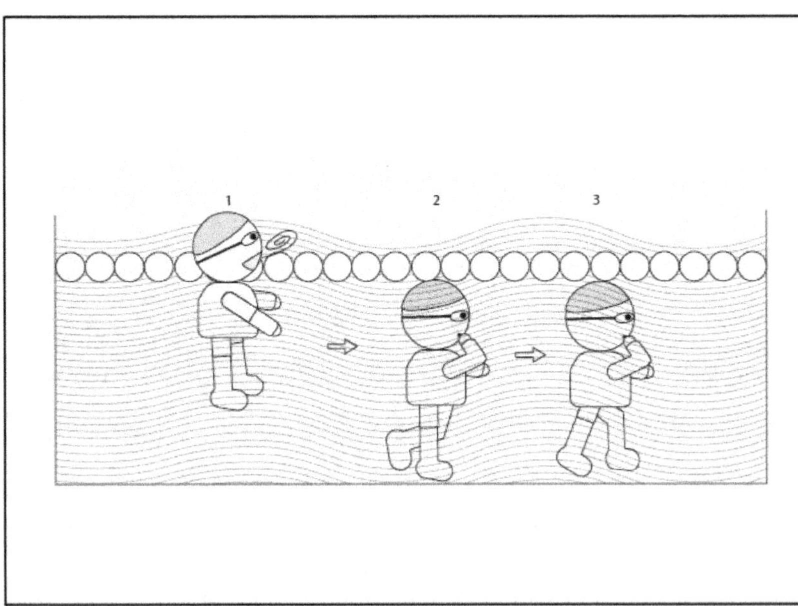

MARÍA MARTÍNEZ MORENO y TELMO ALEXANDRE PERES DOS SANTOS

9 788418 486234